LUZINACIONES, espacio inundado

Gabriel Herreros

COLECCIÓN ITES

LUZINACIONES, ESPACIO INUNDADO

© Jose Gabriel Colmenero Herreros
© Cubierta: Julia C
© de esta edición: Olé Libros, 2025

ISBN: 979-13-87951-03-0
Depósito legal: V-3242-2025
Impreso en España

KALOSINI, S. L.
Grupo editorial olé**libros**
equipo@olelibros.com
www.olelibros.com

A mi familia elegida:
José Carlos, Esther, Samuel y Lucía

BUSCO

Esperando el tsunami de mis miedos,
busco, a través de la vergüenza,
desembocar en una vida vacía
y llena de engaños.

Busco a través del momento
que me partió la vida
y el destino,
que me deshizo las ganas
de ver algún fin en la inmensidad.

Busco a través del instante
que destruyó con despotismo
la manera de hablar
              de mi propia vida.

NÁUFRAGO

Náufrago de mi error,
solo necesito una pequeña isla
donde poder tumbarme.

Y explorar entre las estrellas
cuando caiga la noche,
y encontrar una especial
que me guíe
en el océano de las incertidumbres.

Y que me ayude a que mañana
pueda, al fin, estar contigo
y abrazarnos hasta que el amanecer
haga desaparecer las estrellas.

Y poder despertar, con un suspiro,
tu mirada profunda
        fundiéndose con la mía.

APEGO

Sentimiento desbordante
que atormenta mis treguas,
disipando los claros de la soledad
entre murmullos de vacío.

Me fundo con él,
y me arrastro con las ganas
de enfrentarme al hecho
que provocó mi libertad.

Me alejo de él,
y empeño mis maneras de complacerle
a cambio de mi libertad.

Dominio

Tráfico de poderes
que enturbian y acomodan
los mejores puestos.

Rebelión establecida
según las buenas normas
de una secta hábil.

Preferencias que oscurecen la moral
de una comunidad desfigurada
por el estrés
               de sus propias aspiraciones.

TENGO

Tengo el alma llena de cicatrices
y el corazón
dividido.

Tengo el océano en mi mente
y un sinfín
de frustraciones.

Tengo una mirada perdida
y otra
que nunca pierdo.

Tengo el interior partido
y el corazón
en un momento.

Tengo en mi cabeza una espiral
y la tendencia
de una oleada.

Tengo una ocasión justa
y el instante
                        permitido.

INDIFERENCIA

Indiferencia humanizada
por el hábito de un hermano anímico,
que ocupa las mañanas
limpiando los despojos
de nuestras voluntades.

Tranquilidad subordinada
a nuestros deseos poderosos,
que moldean actitudes deformadas,
concebidas
       por decisiones coherentes.

Rencor

Pobreza mental desbocada
en nuestros momentos
menos lúcidos.

Infinita estupidez,
cuando nos forzamos
a ocupar un hueco exigido.

Atropello causal
de nuestros actos
        mal engendrados.

Confieso

Confieso que sé por qué
me molesta tanto
la ilusión humeante de nuestro entorno
y los pasos inestables
de nuestros fines.

Confieso que sé por qué
me incomoda tanto
el brillo de la luz necia
de mis ideales.

Confieso que sé por qué
                empiezo a entenderme.

Timón perfecto

Timón perfecto que nos dirige
a una enseñanza distante
del entendimiento que nos rodea.

La mezquindad del prójimo
la hacemos nuestra,
reaccionando
a los actos poco meditados.

Sin serenidad, sin valentía,
sin esperanza,
es la forja que rodea la coraza
del que se enfrenta
a la bestia circular del juicio.

Momentos vividos
con poca creencia,
olvidados en un afán
de no repetirlos.

EL TIEMPO NO CURA

Creo que el tiempo
no cura nada
y solo nos da forma a su paso.

Creo que el tiempo cura
cuando ya no existe,
cura cuando está vacío
cuando ya no es tiempo.

Creo que es un maestro
que no olvida
que necesita ser escuchado
y cuidado por los que entendieron
   la mirada eterna de su paso.

AUSENCIA

Nicho vacío
de nuestro propósito.

Soledad de un significado,
de una noche en la brecha
de nuestro camino.

Intento limpio
de una corriente agotada
que no tocó nuestra vida,
           pero se unió sin permiso.

Intención

Marginada
por el cambio de nuestra imaginación.

Intención honesta
guardada en nuestro repertorio
de buenas acciones.

Pura
de mis hechos no contados
y no cortados en mi origen.

Intención caduca
por una sombra prometida
que nubló nuestro porvenir
y despejó nuestro final.

VOLUNTADES

Voluntades de hijas cansadas
del poder patriarcal,
cebador y, a la vez,
cegador de oportunidades.

Voluntades de los amaneceres
envueltos en nieblas,
que algún día nos saludarán.

Voluntades de las miradas
de las madres indecisas
por el silencio
            causado por sus estrías.

LUCHA

El esfuerzo es en vano,
cuando manos vacías
te tienden la esperanza.

El esfuerzo es en vano,
cuando miradas confusas
se guardan la confianza.

El esfuerzo es en vano,
cuando caricias inertes
se mezclan con cariño.

El esfuerzo es en vano,
si no me ves
cuando soy aliado
                    de tu delirio.

LOCURA

Locura que nos da armonía,
base de toda sensatez,
pensada por
y para la contradicción.

Reloj de supervivencia
que controla
el estado de nuestra historia.

Locura, madre de los genios
que se enfrentaron
al orden de sus mentores.

Fugas de lucidez en unos actos
señalados
          y juzgados por miradas sensatas.

Leer entre líneas

Cuando leemos entre líneas,
nos perdemos
por los renglones arrugados
de nuestra crónica.

Las estrías
que marcan nuestros escritos
nos enseñan una mirada precisa
y preciosa.

La multitud contemplativa
nos estudia
como meras figuras
fabricadas con un solo propósito:
no leer entre líneas.

Nos perdemos
en la abundancia de nuestras líneas
sin leer
        entre líneas.

Exposición

Exposición de esperanzas,
obras
que en algún momento
fueron inspiración.

Industria ficticia de creaciones
que un día miraron el tiempo
y recibieron su pago.

Templo universal de ilusiones
que esculpen el recipiente
que algún día
            se vestirá de épocas brillantes.

Procuro entender

Desde la memoria,
procuro entender
el reflejo de oportunidades cegadoras
por un culto no deseado.

Procuro entender
que, en el universo
de los dioses perdidos por la memoria,
existe el paso de la vida.

Procuro entender
que dentro de mí
se encuentra la riqueza
provocada por el olvido
de las enseñanzas
que derramaron estupidez
            en mi naturaleza.

EL VIEJO

El viejo destruido
me miró
y, abrazando la imagen del pasado,
me confió su verdad:
«Hijo, esto es una mentira».

El viejo destruido
se tumbó en la cama
y apagó su mirada desengañada
por una supervivencia frustrada.

El viejo destruido
fue víctima de sus decisiones huecas,
cambiando su tiempo
                por monedas falsas.

Ego

La necesidad infinita
por cubrir brechas
nos alimenta un ego heredado.

Soberano de nuestras pretensiones,
que lidera nuestra estima
y estropean nuestra voluntad.

Necio,
que nos convierte
en mutilados emocionales.

MISERIA

La miseria nos contempla
como a unos desconocidos
frente al reflejo de sus acciones.

Enfrentados con nuestro tiempo,
no podemos dominarla,
y aplasta nuestras intenciones
mientras seguimos angustiados
por su pasividad.

La batalla, mártir del tiempo
que nos guía hacia el pasado.

PUEDE

Puede que te pierda
y que respete
el perpetuo abandono
de nuestra noción cubierta.

Puede que mi juicio
esté dormido
y que no pueda
moverse con la vida.

Puede que deje
que se desvanezca mi huida
hacia tu sentido.

Puede que ya no piense en soledad,
y que eso me enferme
y me haga querer olvidar.

Puede que la pobreza me envuelva
y contamine los pensamientos
que un día fueron compartidos.

Eres

Eres mi alivio
en el temblor del viento,
eres a quien escucharé sin resistir.

Eres el pastor de mi sueño
y la montaña que encontré
en mi alma silenciosa.

Eres la mirada
que nunca tuve
y que nunca esperé
por las calles de mi angustia.

Eres la mano
que aprieta la vida
con acierto suave
                y firme cordura.

Cuando el tiempo me espere

Será en el olvido de tu mirada
cuando el tiempo me espere.

Estaré dispuesto a recordarte
cuando el tiempo me espere.

Y no tendré el valor de alcanzarlo
cuando el tiempo me espere.

Quizás será tarde,
en los límites de tu atención,
       cuando el tiempo me espere.

PESCADOR VIEJO ESCULTOR

Soy un pescador
que se pierde en el mar
de la certidumbre.

Soy el viejo que cuenta
y se despide de sus canas
en el lecho del abandono.

Soy un escultor sin sentido,
sin creación,
forjando composiciones anónimas.

Soy quien te acompaña
en el duelo que siempre muerde
                    mis ganas de partir.

Mediante un susurro

Mediante un susurro
te envuelvo en mi ser
y recojo la ambición
de querer olvidarte.

Mediante un susurro
te espero
en el eco de tu rumor,
donde se oculta mi angustia.

Mediante un susurro
te escucho con devoción
        y libero mis ganas de brotar.

No me esperes

No me esperes,
porque al llegar la noche
de nuestras esperanzas
estaré desnudo de ilusiones.

No me esperes,
porque he visto el desgarro
que la sospecha siembra
en nuestras creencias.

No me esperes,
porque me diluyo
en la esencia
                de tus temores.

VUELVE

Vuelve cuando la vida
me dé otra hora,
y el tiempo
me regale un momento.

Vuelve cuando mi destino
ponga fin a la demencia
que nos arrastró
por viajes opuestos.

Vuelve y envuelve mis pasos,
aquellos que un día
me llevaron al abismo,
        lejos de ti.

Ese día

Ese día fue el último
y el primero,
el que me separó del sueño
y del suelo de nuestra vivencia.

Ese día derramó la esencia
de lo compartido
en una corriente seca.

Ese día hundió
el hábito de tenerte y,
arrastrándome al error,
     me llevó a una elección sin retorno.

VEREMOS

Mañana veremos amanecer
y con una luz tenue,
el reflejo de nuestros pasos.

Veremos nuestro reflejo
en un manto de suaves imágenes
que nos invitarán a fundirnos
en el grabado de nuestro propósito.

Mañana
veremos que no pertenecemos
a esta edad impuesta
          por la rutina de nuestro escenario.

LA FUNCIÓN

La función está preparada
para el desenlace
de lo inevitable.

La función está lista,
amoldando su escenario
para acoger
a nuevos protagonistas
y viejos espectadores.

La función se alza
bajo un sombrío telón de fondo
y, acechando el error de los actores,
el escenario se desploma.

QUÉ

Crees,
mientras tu mirada
se pierde en otro lugar.

Ves,
mientras tu pensamiento
se desvía.

Sientes,
mientras tu estima
me abandona antes que tú.

Esperas,
mientras te alejas lentamente
                    de nuestro universo.

AMOR Y ODIO

Amor y odio,
hermanos que viven
por y para sí.

Habitan dentro
del mismo universo
que nos envuelve.

Existen en una verdad
moldeada por nuestros pretextos.

Persisten en una mentira
acomodada a nuestro interés.

Conviven en una cordura bipolar,
hecha de momentos divididos
por nuestra incansable inconsciencia.

Te amaría

Te amaría,
pero no sabría decírtelo
en el momento justo.

Te cuidaría,
pero no sabría cómo
alejarte de la enfermedad.

Te hablaría,
pero no sabría cómo
acercarme a ti.

Te acariciaría,
pero no sabría cómo
inspirarte.

Te alejaría,
pero no sabría cómo
soportar la distancia.

Por eso,
merecemos estar unidos,
aunque sea
                en distintos momentos.

Nuestra crónica

Nuestra crónica
es un paso estrecho
en el puente que une la vía
con aquel instante
único de escape.

Es nuestro enredo,
la noche que despierta
en el sueño de nuestras pupilas.

Es el mensajero
que nos devuelve
a nuestra naturaleza.

Es lo intangible,
el arte que me transporta
a la intención y a la invención
de mi infancia.

Es pura vida,
es nuestra crónica.

Felicidad y tranquilidad

Felicidad y tranquilidad,
unión acomodada
y soñada por el impulso
de una doctrina.

Creadas e impuestas
por y para un mayor empeño.

Un solo propósito,
acciones incoherentes
e inciertas
nos empujan
a preparar lo segundo
            y aplastar lo primero.

LA CONTUNDENCIA DE LA VIDA

La vida es contundente
en su obligación de forjar
unos ideales opuestos
con desenlaces íntegros.

La vida es contundente
en el conjunto
de corruptos matices
y de actitudes vacías.

La vida es contundente
en la separación
de la mayoría necia
del premio
                    del aprendizaje.

ME HE ROTO

Me he roto sin querer,
al querer ser querido,
queriendo querer
a lo no agradecido.

Me he roto sin amar,
al querer ser amado,
amando a lo no amado.

Me he roto sin quererme,
queriendo esperar
a lo no querido.

Así agradezco
el querer conocer
el secreto del querer,
aspirando querer
a lo no amado.

Así habló el amor
de lo no querido,
queriendo quererle
                     sin saber por qué.

ME PARTE

Me parte el sentido,
cuando no estoy contigo,
y cuando estoy sin sentido.

Me parte el sentido
de tu mirada,
cuando no le encuentro sentido
y, sin sentido, la encuentras.

Me parte el sentido
de tu caricia,
cuando no encuentro el destino,
y sin destino la pierdes.

Me parte el sentido
de tu respiración,
cuando no encuentro el aire,
y sin aire la olvidas.

Me parte el sentido
de tu cariño,
cuando no encuentro la intención
y, sin intención,
                    te pierdo el sentido.

COMPARTAMOS

Compartamos lo que es nuestro
por derecho,
como idea común,
pero no entendida como un fin.

Compartamos descubrir el bien
con un boceto
que, con el tiempo, se emborrona
y se mantiene en el olvido
de un pensamiento sin compartir.

Limpiemos el principio
que nos llevará al desenlace
compartido y deseado
de un sueño
                  que termina en la vida.

Soledad

Bendita soledad,
que me acompañas
y me aconsejas,
que me das paz
y me acunas con tu silencio.

Bendita soledad,
gran compañera,
espero verte siempre,
tenerte entera,
tenerte en estima
y tenerte a mi lado.

Bendita soledad,
que te muestras maldita
cuando el juicio
del compañero te inquieta.

Bendita soledad,
maestra de ausencia,
          que me acompañas en todo.

INCOHERENCIA

La incoherencia
de nuestros hechos
nos confiesa lo imperfecto
de nuestro pensar.

Incoherencia
que nos distancia de lo racional,
en un viaje sin ida.

Mala herencia que,
repudiada por la coherencia,
nos informa de la crueldad
de la contienda.

ADIÓS

Con la mirada en el pasado,
fijada en nuestras huellas
que algún día
fueron barridas por la reflexión
de una memoria seca,
de tanto usarla.

El final
a todos nos llegará
y se llevará la vida.

Porque la muerte
nos muerde
y nos mide,
para comprender
qué es vivir lentamente.

Y mueren los instantes
                sin decir adiós.

ARROGANCIA

Corrupta arrogancia,
que nos embauca
y nos envenena
las metas
que un día
fueron puras.

Nos envuelve
en una realidad
nada respetada
ni esperada.

Nos acomoda
en un hogar
de soberbia
y seguridad aparente,
construido
          en el abismo de la injusticia.

ME CONVIERTO

Me convierto en un momento,
en un instante
que se pierde en tu brisa,
en una mota de polvo
que cae desplomada en tu patria.

Me convierto en un grano de sal,
que cree en su vida
desde la orilla de tu ánimo,
en un cóctel de intenciones
aliñadas
con tus formas razonadas.

Me convierto en un guía perdido
entre las montañas de tu indiferencia,
en un esclavo
y verdugo
de mis obras,
        esperando tu mirada oculta.

SIN DECIR

Sin decir,
así me veo
desde el grito de tu mirada,
así te descubro
las ganas de hablar.

Sin decir,
así te espero
con la voz perdida
de mi soledad,
así me aisló el abrazo
de tu desgana.

Sin decir,
así estaremos
frente a los traficantes de sueños,
vendidos
                    al peor postor.

LEJOS

Lejos, lejos,
quiéreme lejos,
que la distancia nos una
en el intento más
dormido de nuestra
noche.

Lejos, lejos,
quiéreme lejos,
que el espacio que nos separa
sea un océano
de últimos propósitos.

Lejos, lejos,
quiéreme lejos,
que nos una la ruptura
de las entrañas
de nuestra voluntad.

Contigo

Porque contigo
todo muere:
mueren los instantes,
los besos, los abrazos,
las noches y los días,
mueren los paseos
y los amaneceres,
los desayunos
y los viajes.

Porque contigo
muere todo,
y todo es contigo.

Porque contigo
todo es vida:
viven los instantes,
viven los besos, los abrazos,
las noches y los días,
viven los paseos.

Porque contigo
vive todo
y muere todo,
                y todo es contigo.

VOLVÍ ATRÁS

Volví atrás
para poder verte desde lejos,
para poder entender el momento
que partió el silencio.

Volví atrás
para querer quererte
sin fallos ni daños.

Volví atrás
para poder unirnos
en nuestra estela inacabada.

Y volví atrás para comprender
que no fuimos en el pasado,
y aprender que el presente
                              era nuestro bien.

ME ROBARON

Mi soledad me la robaron,
mi aislamiento,
mi abandono,
mi dulce retiro,
mi separación con la vida,
mi clausura sin felicidad,
mi destierro
lejos de la esperanza.

Y me presentaron
la vida,
la unión,
la mención de un instante
      que se rindió ante mis ilusiones.

Estaré

Estaré contigo
en el momento preciso
de tu desesperanza.

Estaré contigo
en la manera de hablar
de tus intenciones.

Estaré contigo,
envuelto en la marea
provocada por tu caminar.

Estaré contigo
en el invierno
de nuestro acuerdo.

Estaré contigo
con las manos llenas
        de inutilidad aprendida.

No es suficiente

El amor no es suficiente,
el amor no lo es todo,
solo acompaña
la cordura en nosotros.

El amor es un espacio
inundado por otros matices,
es único y razonable.

El amor es un árbol
que no se sostiene
en las arenas del desierto;
es la esencia
                    que necesita la razón.

Almohada de cristal

Sobre mi almohada de cristal
veo los sentidos de las ideas
que intervienen
en cada una de mis respiraciones.

Veo, tumbado sobre mis invenciones,
los ideales,
y los dejo madurar.

Veo el aislamiento
de los sentidos ocultos,
en un sentir sin esencia.

Veo cómo se viste
nuestra conciencia
de un desprecio sin sentido.

Veo unos jóvenes deseos
que dejaron de existir,
convirtiéndose en restos...
                    de cenizas.

Historia

Tutora de nuestras acciones,
madre patria desconsolada.

Tapadera de oscuras pretensiones,
nos adviertes sobre la magnitud de tu centro
y de tu memoria.

Albergas una razón sincera
que devoramos
sin pensar en los errores
que regresan
una y otra vez
                con la fría realidad.

En lo más profundo

En lo más profundo,
me despido,
porque volveremos a ser uno.

La conciencia nos unirá de nuevo,
y estaré contigo
en la claridad de mi temor.

Estaré con todos mis sentidos
al oír tu voz,
porque habitamos
en nuestro pensamiento.

El camino nos llevará a encontrarnos,
y finalmente descansaremos
con una última súplica.
            Entonces, volveremos a ser uno.

En la orilla

Sentados en la orilla,
las olas inundan nuestra piel.
Me miras, me sonríes, callas.

Me desvanezco,
me fundo con las olas
que me arrastran
a las profundidades del momento.
                    No hay mejor final.

Es sufrimiento

Es germen de aprendizaje,
que se convierte en camino
hacia una verdad... o hacia otra.

Es la certeza de los sentimientos,
una encrucijada de cualidades
moldeadas por el tiempo.

Es el vagón de nuestras impresiones,
cuando nos arrastran
junto a los pensamientos,
y descarrilamos
con propósitos saboteados.

Es el río de mis realidades,
cuando las verdades son troncos
que me golpean...
                    hasta volverse balsas.

AYER

Ayer fue el anochecer en la playa
donde tú estabas.

Compañía de una noche estrellada,
luces en la oscuridad
del horizonte.

Olor húmedo de algas,
golpeteo hueco
del mar en las rocas,
queriendo partirlas.

Descanso del guerrero que fuiste,
batalla perdida
que desgarró nuestras almas.

Hoy el Mediterráneo descansa contigo,
te mece y te cuida.

Hoy lloramos,
anhelamos y
bendecimos
            los momentos compartidos.

Hermano

Hermano que fuiste a veces:
a veces policía, espía,
amante, casado y padre.

Fuiste todos...
y ninguno.

Tu mente embaucadora
te gastó mil bromas,
mil embustes que te cegaron.

Noches inundadas
de sufrimiento y desgarro
agotaron tu mente.

Hermano, fuiste hundido
por el peso del dolor
de tantas vidas,
todas sin fundamento.

Imposible huir
de los mil engaños
          de tu mente farsante.

En la trinchera

En la trinchera del rencor,
el frío no me deja dormir
y la oscuridad infesta mi herida.

En la trinchera de mi abandono,
estoy abrigado
por una ramera llamada verdad.

En la trinchera de la vida,
me defiendo con orgullo
de una conocida razón.

En la trinchera inundada,
sangro
y me fundo con el ayer.

En la trinchera de la pasión,
estoy marcado
por un ciego orgasmo.

En la trinchera de mi juventud,
no sé por qué
aprendí sin razón.

En la trinchera del conocimiento,
no podré repetir
el mejor hecho.

En nuestra trinchera,
la ceguera
nos pondrá en negación.

En la trinchera de la muerte,
me tumbo y descanso.
¡Podré verte esta noche!

En la trinchera de las sombras,
mis sueños se desvanecen
cuando oigo tus lamentos.

En la trinchera de mi depresión,
no sé cómo decir
que serás mi aliento.

En la trinchera de tus miedos,
me dices «ven»
y desaparecen mis creencias.

En la trinchera de mis voces,
no me escuchas
y no te llegan mis lamentos.

En la trinchera de tu alma,
estoy convencido
de que eres mi paz.

En la trinchera de tu razón,
no la perderé
si una lección me das.

En la trinchera de tu interior,
siempre te diré:
«¡Eres mi revolución!»

En nuestra trinchera de la vejez,
estaremos calmados
cuando se nos dé una ocasión.

En el monasterio

En el monasterio me encuentro.

No recuerdo mis pasos
por el camino del claustro,
mientras el frío de mis pies
contamina el resto de mi ser.

Miro hacia el cielo,
azul, despejado;
veo a tres buitres
volando en círculos.

Solo oigo el viento,
que silba
entre los muros.

Solo estoy
con mi pensamiento.

En el monasterio me encuentro.

Una rama seca
cae del ciprés,
y choca con el suelo.

Siento cómo tu aliento
rodea mi ser,
y cómo el frío
me congela la razón del corazón.

En el monasterio me encuentro
y no sé por cuánto tiempo.

Me siento y miro hacia el cielo,
veo cómo un buitre se acerca.

Este es mi momento.

En el monasterio me encuentro.

DESPERTAR

El despertar del ideal
llegará en ese instante
en el que la claridad del entorno
nos resulte transparente.

Decidí permanecer perplejo,
de forma indefinida,
ante las miradas oscuras
de las almas bloqueadas.

Nuestro avance seguirá detenido
por losas históricas
        y piedras errantes.

Versos rotos

Estoy en silencio,
encerrando pensamientos,
y mi mente no respira.

Sentimiento nefasto
de ideas cegadoras.

Escuela de reflexiones
nacidas de nuestras creencias.

El momento
no será otra cosa
que descubrir la intención.

Pensamientos y sentimientos,
unión tumultuosa
                    de versos rotos.

IRRACIONAL

Mi cabeza es un bombeo
de colosos ideales
y percepciones decididas,
encaminadas a la unidad
de nuestros momentos.

Momentos frágiles
de nuestro ser,
camino perfecto
para crear la armonía
del entorno.

Entorno convencido
de una felicidad
fugaz, al sentir por los
demás un recelo
cegador.

Cegador menosprecio
que aplasta la compasión,
y nos arrastra
       hacia lo irracional.

SERÉ

Seré un hábito
en la mirada ajena,
un ebrio soldado de luna,
fundida
por tu cuerpo celeste.

Seré un vagabundo
en las calles de tu talento.

Seré una roca
mirando al cielo,
y una hiedra esperando
que su fruto caiga.

Seré una sutil necesidad
de tus voluntades.

CITA

Y no acudiría a la cita,
porque estaría perdiendo
y pidiendo tiempo.

Porque estaría lamentando
y borrando el momento,
vibrando a destiempo,
soñando...
y admirando tu tiempo,
mientras pensaría:
      «¿Por qué no acudiría a la cita?»

NO PUEDO MIRARTE

No puedo mirarte,
no pude notarte,
y no podré imaginarte.

Es otro sentido vulnerable
de las precarias palabras.

Es el camino estrecho
que nos impide ver
la base del mundo.

Es el poder de las voces,
que pueden ser crueles
y también bondadosas.

Es la interpretación de nuestra mente
del mundo que nos rodea,
educada hacia el destello
de una luz ficticia.

Lección bien aprendida
        del humilde vagabundo.

MIL MANERAS

Me enseñaron tus labios
mil maneras de seducir,
y mil maneras de habitar
en tus intenciones,
pero ninguna era cierta.

Mil maneras de perecer
bajo tus condiciones,
pero ninguna era cierta.

Mil maneras de sobrevivir
a tus derrotas,
pero ninguna era cierta.

Mil maneras de favorecer tu olvido,
pero no creí en ninguna.

PROVOCAS

Provocas el vértigo de mi alma,
que se consuela con palabras
de un mismo tono,
de una misma claridad.

Provocas el áspero momento
de una palabra
silenciada por el espacio
que nos separa,
y nos hará mirarnos
sin pretensiones.

Provocas mi deslizamiento
por los senderos de la vida,
como un momento robado
en el centro de la esfera
                donde nos encontramos.

JUNTOS

Juntos practicaremos la unión
de nuestros momentos,
en un presente cansado y calmado,
en un segundo de ternura
que invade nuestro mundo.

Juntos ensayaremos la justicia
y el afecto por casualidad,
y haremos caso
a nuestro palpitar arrítmico
que golpea las paredes
de nuestro hogar.

Juntos nos daremos la razón,
inundada de deudas reflexivas
y punzantes
que nos atan.

Juntos no tendremos nada que ver
en todo lo que oír,
de melodías aprendidas.

Juntos nos despediremos de la noche,
en el momento
en que nuestras maletas estén vacías,
y nuestras maneras
se tornen sordas por el viento.

Juntos nos iremos despacio,
sin más que una pequeña sonrisa
de desnudez sentimental.

Cuentos

Cuentos varios
que dijiste a mi razón.

También fuiste
la razón de mis cuentos,
mis cuentos contados
con la razón
que tienen los cuentos.

Porque los cuentos razonados
tienen la manera única
de ser contados y meditados.

Y sé que conté con tu razón,
ya que me la diste
con un cuento.

Y ni te cuento,
porque al contarte
serías más en mi recuento
que de las escasas;
y una de las escasas
no sería contada,
por ser escasa.

Así que no te recuento,
ni te cuento.

Solo poco contada,
por no contarte,
        y escasa... por no tenerte.

ÍNDICE